BEI GRIN MACHT SICH IHR
WISSEN BEZAHLT

- Wir veröffentlichen Ihre Hausarbeit,
  Bachelor- und Masterarbeit

- Ihr eigenes eBook und Buch -
  weltweit in allen wichtigen Shops

- Verdienen Sie an jedem Verkauf

Jetzt bei www.GRIN.com hochladen
und kostenlos publizieren

GRIN

Robert Tanania

Innere Verteidigung und innere Sicherheit in der DDR

Wehrerziehung, vormilitärische Ausbildung und bewaffnete Organe

GRIN Verlag

Bibliografische Information der Deutschen Nationalbibliothek:

Die Deutsche Bibliothek verzeichnet diese Publikation in der Deutschen National-
bibliografie; detaillierte bibliografische Daten sind im Internet über http://dnb.d-
nb.de/ abrufbar.

Impressum:

Copyright © 2005 GRIN Verlag GmbH
Druck und Bindung: Books on Demand GmbH, Norderstedt Germany
ISBN: 978-3-638-65887-4

Dieses Buch bei GRIN:

http://www.grin.com/de/e-book/47418/innere-verteidigung-und-innere-sicherheit-
in-der-ddr

GRIN - Your knowledge has value

Der GRIN Verlag publiziert seit 1998 wissenschaftliche Arbeiten von Studenten, Hochschullehrern und anderen Akademikern als eBook und gedrucktes Buch. Die Verlagswebsite www.grin.com ist die ideale Plattform zur Veröffentlichung von Hausarbeiten, Abschlussarbeiten, wissenschaftlichen Aufsätzen, Dissertationen und Fachbüchern.

Besuchen Sie uns im Internet:

http://www.grin.com/

http://www.facebook.com/grincom

http://www.twitter.com/grin_com

Universität Augsburg   WS 2005/06
Lehrstuhl Neueste Geschichte   25.11.2005
Übung: Probleme der Alltagsgeschichte der DDR und ihrer Erforschung

Referent: Robert Tanania

„Bereit zur Verteidigung der Heimat" -
Innere Verteidigung und interne Sicherheit in der DDR:
Wehrerziehung, vormilitärische Ausbildung und bewaffnete Organe

Gliederung

Literaturverzeichnis:

Arbeitskreis für Wehrforschung (Hrsg.) [AK Wehrforschung, NVA, 1980], Die Nationale Volksarmee der DDR im Rahmen des Warschauer Paktes, München, Bernard & Graefe Verlag, 1980.

Beck, Thomas [Beck, Liebe zum Sozialismus, 1983], Liebe zum Sozialismus – Hass auf den Klassenfeind, Wehrmotiv und Wehrerziehung in der DDR, Lüneburg, Ost-Akademie Verlag, 1983.

Diedrich, Torsten/Ehlert, Hans/Wenzk, Rüdiger [Diedrich, bewaffnete Organe, 1998], Im Dienste der Partei - Handbuch der bewaffneten Organe der DDR (Hrsg. vom militärgeschichtlichen Forschungsamt), Berlin, Christoph Links Verlag, 1998.

Diedrich, Torsten/Ehlert, Hans/Wenzk, Rüdiger [Diedrich, bewaffnete Organe, 2004], Im Dienste der Partei - Handbuch der bewaffneten Organe der DDR (Hrsg. vom militärgeschichtlichen Forschungsamt), Berlin, Christoph Links Verlag, 2004.

Giese, Daniel, Die SED und ihre Armee – Die NVA zwischen Politisierung und Professionalismus 1956-1965, Schriftenreihe der Vierteljahreshefte für Zeitgeschichte, Oldenbourg Wissenschaftsverlag GmbH, 2002.

Gonnermann, Bernhard [Gonnermann, Militärpolitik, 1987], Sozialistische Militärpolitik und Wehrbeitrag – Militärpolitisches Grundwissen, Berlin (Ost), Militärverlag der DDR, 1987.

Hafeneger, Benno/Fritz, Michael, Wehrerziehung und Kriegsgedanke in der Weimarer Republik – Ein Lesebuch zur Kriegsbegeisterung junger Männer, Bd. 2: Jugendverbände und –bünde, Frankfurt/M., Brandes & Apsel Verlag, 1992.

Henrich, Wolfgang, Die sozialistische Wehrerziehung in der DDR – Dokumentation und Analyse, Bonn, Hohwacht Verlag, 1904.

Henrich, Wolfgang, Wehrerziehung in der DDR, Bonn, Hohwacht, 1980.

Holzweißig, Gunter [Holzweißig, Militärwesen, 1985], Militärwesen in der DDR, Berlin, Verlag Gebrüder Holzapfel, 1985.

Honecker, Erich, Reden und Aufsätze, Bd. 1, Berlin (Ost), 1975.

Hübner, Werner/Effenberger [Hübner/Effenberger, Wehrpolitische Massenarbeit, 1982], Wehrpolitische Massenarbeit unter Führung der Partei – Probleme, Erfahrungen, Aufgaben, Berlin, Dietz Verlag, 1982.

Jahn, W./Jäntsch, R./Heinze, S., Militärakademie „Friedrich Engels" – Historischer Abriß, Berlin (Ost), 1988.

Judt, Matthias (Hrsg.), DDR-Geschichte in Dokumenten, Beschlüsse, Berichte, interne Materialien und Alltagszeugnisse, Lizenzausgabe für die Bundeszentrale für politische Bildung, Bonn, 1998.

3

Koop, V./Schössler, D., Erbe NVA – Eindrücke aus ihrer Geschichte und den Tagen der Wende, 2. Auflage, Waldbröl, 1993.

Koszuszeck, P.A., Militärische Traditionspflege in der Nationalen Volksarmee der DDR - eine Studie zur historischen Legitimation und politisch-ideologischen Erziehung und Bildung der Streitkräfte der DDR, Frankfurt/M., Haag und Herchen Verlag, 1991.

Lüdtke, Alf, Akten, Eingaben, Schaufenster – die DDR und ihre Texte – Erkunden zu Herrschaft und Alltag, Berlin, Akademie-Verlag, 1997.

Pröll, Bernd, Sozialistische Wehrerziehung in der DDR im Zeichen der Entspannung, 1985.

Rühmland, Regina, Die Zivilverteidigung in der deutschen demokratischen Republik ihre Entwicklung und Struktur sowie ihre Einbettung in das System der Landesverteidigung unter besonderer Berücksichtigung des Kriegsbildes und der wehrgeographischen Faktoren, Münster, 1982.

Sachse, Christian [Sachse, Aktive Jugend, 2000], Aktive Jugend – wohlerzogen und diszipliniert, Wehrerziehung in der DDR als Sozialisations- und Herrschaftsinstrument 1960-1973 (Studien zur DDR-Gesellschaft, hrsgg. von Mertens, Lothar/Voigt, Dieter) Münster, Lit Verlag, 2000.

Schlechte, Klaus-Dieter/Vogler, Otto, Wehrerziehung in der DDR – Materialien zur politischen Bildung, Hannover, Niedersächsische Landeszentrale für Politik, 9184.

Sozialistische Wehrerziehung der Studenten – Tagungsmaterialien einer Gegnerkonferenz, Martin-Luther-Universität, 1971.

Schlechte, Klaus-Dieter/Vogler, Otto, Wehrerziehung in der DDR – Materialien zur politischen Bildung, Hannover, Niedersächsische Landeszentrale für Politik, 1984.

Schössler, Dietmar, Die sozialistische Wehrerziehung in der DDR – System, Funktionen, rüstungskontrollpolitische Aspekte, in: Die Nationale Volksarmee der DDR im Rahmen des Warschauer Paktes, München, Bernard & Graefe Verlag, 1980.

Skyba, Peter, Vom Hoffnungsträger zum Sicherheitsrisiko – Jugend in der DDR und Jugendpolitik der SED 1949-1961, Köln/Weimar, 2000.

Sozialistische Wehrerziehung der Studenten – Tagungsmaterialien einer Gegnerkonferenz, Martin-Luther-Universität, 1971.

Stolz, Helmut/Herrmann, Albrecht/Müller, Werner (Hrsg.), Beiträge zur Theorie der sozialistischen Erziehung, Berlin (DDR), 1971.

Wedel, Hasso von, Wehrerziehung und Volkserziehung, 1938.

Zeittafel zur Militärgeschichte der DDR 1969 bis 1977, Berlin (Ost), Militärverlag der DDR, 1979.

Abkürzungsverzeichnis

BEL	Bezirkseinsatzleitungen
CSSR	Tschechoslovakische Sozialistische Republik
DD	Dienst für Deutschland
DDR	Deutsche Demokratische Republik
DVP	Deutsche Volkspolizei
FDJ	Freie Deutsche Jugend
FES	Friedrich-Ebert-Stiftung
GSBT	Gruppe der Sowjetischen Besatzungsgruppen in Deutschland
GSSD	Gruppe der Sowjetischen Streitkräfte in Deutschland
GST	Gesellschaft für Sport und Technik
HVA	Hauptverwaltung Aufklärung
HVIS	Hauptverwaltung Innere Sicherheit (HVIS)"
KG	Kampfgruppen
KEL	Kreiseinsatzleitungen
KVP	Kasernierte Volkspolizei
MfS	Ministerium für Staatssicherheit
NVR	Nationaler Verteidigungsrat
SED	Sozialistische Einheitspartei Deutschlands
SBZ	Sowjetische Besatzungszone
Trapo	Transportpolizei
ZK	Zentralkomitee

Zeittafel

1933   der kommunistische Jugendverband Deutschlands, der Vorläufer der FDJ, wird von den Nationalsozialisten verboten[1]

1944/45   der Name FDJ wurde 1944/45 in London geprägt, wo Johann Weigert eine deutsche Exil-Jugendorganisation schuf[2]

10.6.1945   gewährleistete die GSBT, die ab März 1954 GSSD genannt wurde, den äußeren Schutz der kommunistischen Herrschaft in der SBZ[3]

1. Juli 45 Aufstellung der Deutschen Volkspolizei in der SBZ unter sowjetischer Aufsicht[4]

nach 1945   es stehen massive antifaschistische Umerziehungsbemühungen im Vordergrund[5]

30.10.45   die SED gibt diesen Tag als Gründungstag für die NVA und die anderen „bewaffneten Organe" an[6]

1946   die Freie Deutsche Jugend wird gegründet[7]

7.3.1946   die FDJ wurde am 7.3.1946 gegründet[8]

8.-10.6.1946 das erste Parlament der FDJ findet in Brandenburg statt[9]

Nov. `46   Angesichts hoher Fluchtzahlen aus der damaligen SBZ hielt es die SMAD bereits im November 1946 für erforderlich, die deutsche Grenzpolizei aufzustellen und zu bewaffnen[10].

Jahr `48   Im Jahr 1948 wurden die unterdessen rund 10 000 Mann kaserniert und militärisch ausgebildet[11].

7.10.49   Konstituierung der Deutschen Demokratischen Republik[12]

Sommer 52   mit der Gesellschaft für Sport und Technik (GST) und dem Dienst für Deutschland (DD) werden Organisationen geschaffen, die der Erhöhung der Verteidigungsbereitschaft in der Bevölkerung, besonders bei der Jugend, dienen sollten[13]

1953/54   als Führungsorgane werden Einsatzleitungen auf unterschiedlichen Ebenen geschaffen und entwickelt[14]

            Herausbildung von Grundlagen eines inneren Sicherheitssystems gegen die eigene Bevölkerung[15].

23.9.1953   die sog. Sicherheitskommission des ZK bzw. des Politbüros unter Leitung des Ersten Sekretärs des ZK der SED wird gebildet, aus der ab 1960 der NVR hervorgeht[16]

die Durchpeitschung des SED-Kurses zum „Aufbau des Sozialismus" stürzt die DDR in eine tiefe wirtschaftliche Krise[17]

21.1.53   Beschluss des ZK der SED über die Aufstellung von Betriebskampfgruppen[18]

29.5.   Auflösung der sowjetischen Kontrollkommission in Deutschland und Umbildung der sowjetischen Besatzungsgruppen zur Gruppe der Sowjetischen Streitkräfte in Deutschland (GSSD)[19]

16.6.   Die Berliner Bauarbeiterdemonstration gab das Signal zu einer spontanen Volkserhebung am Folgetag in fast allen Bezirken der DDR[20]

17.6.   Volksaufstand in der DDR[21]

Jul. 1953   Die am 17. Juni und an den Folgetagen als Führungsorgane
Jan. 1954   gebildeten Einsatzleitungen werden in den Bezirken und Kreisen im Juli 1953 und im Januar 1954 mit zwei Beschlüssen des Politbüros institutionalisiert[22].

7.8.53   Verordnung über die Bildung der Gesellschaft für Sport und Technik (GST) als Massenorganisation zur Verbreitung wehrpolitischer Kenntnisse und Fähigkeiten[23]

26.1.54   am 26. Januar 1954 beschloss das Politbüro „Maßnahmen in Ausnahmefällen", die einen Stufenplan des Einsatzes der bewaffneten Organe bei inneren Unruhen vorsahen[24]

28.1.54   mit dem Befehl des Ministers des Innern vom 28.1.1954 über „Maßnahmen zur Abwehr von Angriffen auf die Staatsordnung der DDR" begann die Realisierung der Einsatzstrukturen und –planungen, so dass Mitte der 50er Jahre erste Organisationsstrukturen für ein inneres Einsatzsystem existierten[25]

1.5.54   erster öffentlicher Auftritt der Kampfgruppen der Arbeiterklasse an den Demonstrationszügen zum Maifeiertag[26]

26.9.55   Volkskammerbeschluss zur Ergänzung der Verfassung bezeichnet bewaffneten Dienst als Ehrenpflicht der DDR-Bürger[27]

bis 1955   unterlag die Kontrolle der DDR-Grenzen sowjetischen Einheiten[28]

1955/56   Aufbau und Konsolidierung der bewaffneten Kräfte[29]
bis 1967/68

18.1.56   Volkskammerbeschluss über das Gesetz zur Schaffung der NVA und des Ministeriums für Nationale Verteidigung, Beitritt der DDR zum Warschauer Pakt[30]

8.11.56   Am 8. November 1956 widmete sich das Politbüro angesichts einer schweren Krise in der DDR mit seinem Beschluss „Maßnahmen zur

Unterdrückung konterrevolutionärer Aktionen" erneut der Ausgestaltung des Schutz- und Sicherheitsapparats[31].

1957	die zweite Rechtsgrundlage für die Anwesenheit der GSSD sind die entsprechenden Vereinbarungen mit der Regierung der DDR[32], das ist vor allem der Truppenstationierungsvertrag[33]

April 1957   der DDR-Ministerrat kündigt die bevorstehende Gründung einer „Organisation freiwilliger Luftschutzhelfer" an[34],
Aufbau einer Luftschutzorganisation unter strenger Geheimhaltung beginnt[35]

Mai 1957   Honecker, damals ZK-Sekretär für Sicherheitsfragen, wies erstmalig in einer Veröffentlichung auf die Bedeutung einer umfassenden Landesverteidigung für den ostdeutschen Staat hin[36].

Mai 1957   der DDR wies der damalige ZK-Sekretär für Sicherheitsfragen Erich Honecker, im Mai 1957 erstmalig in einer Veröffentlichung auf die Bedeutung einer umfassenden Landesverteidigung für den ostdeutschen Staat hin[37]: er stellte die Aufgabe, die bewaffneten Organe unter Führung der SED zu einem „System der Verteidigung" nach innen und außen zusammenzuführen und die Fragen zu einer Angelegenheit aller Führungsorgane in Partei und Staat zu machen[38].

11.2.58   Volkskammerbeschluss über das Luftschutzgesetz[39]

Anfang 60er   begann die zweite Etappe der Entwicklung der DDR-Landesverteidigung[40].

1960   die Sicherheitskommission der SED wird durch den NVR abgelöst[41]

die KpdSU verkündet die neue sowjetische Militärdoktrin, die nunmehr den Rahmen für die Landesverteidigung des Ostblocks absteckt[42]

seit diesem Jahr bestehen in der DDR in den 14 Bezirken, in Ost-Berlin sowie in den 227 Stadt- und Landkreisen Einsatzleitungen als interne Operative Notstandsorgane im Luftschutz[43]

10.2.   Gesetz über die Bildung des NVR[44]

11.2.   Ernennung Walter Ulbrichts zum Vorsitzenden des NVR[45]

13.8.1961   Teilnahme aller bewaffneter Organe der DDR am Mauerbau in Berlin[46]

15.9.1961   kurz nach dem Mauerbau wird die bisherige Deutsche Grenzpolizei zum Kommando der Grenztruppen beim Minister für NVA umbenannt[47]

20.9.61   Das erste Verteidigungsgesetz hebt hervor, dass der Schutz der DDR und die Erfüllung der Bündnisverpflichtungen

„auf allen Gebieten des staatlichen, wirtschaftlichen und gesellschaftlichen Lebens besondere Maßnahmen zur Stärkung der Verteidigungsfähigkeit" erfordern[48]

1962   im Verlauf des Jahres werden kasernierte Luftschutzbataillone aufgestellt[49]

23.8.1962   die NVA bekommt die Volksarmee ferner von den Sowjets die Kommandantur im sowjetischen Sektor Berlins übertragen[50]

1967   die 2. Phase der DDR-Landesverteidigung endet mit dem Übergang zur Schaffung eines umfassenden Systems[51]

Die SED gibt auf dem 7. Parteitag die Generallinie für den Aufbau der Zivilverteidigung aus[52]

23.2./   erste „Woche der Waffenbrüderschaft" in der NVA und der GSSD[53]
1.3.1968

April 1968   die im April 1968 neu in Kraft getretene und 1974 überarbeitete DDR-Verfassung legte fest, dass die Volkskammer den Verteidigungszustand beschließen, alle ihr notwendig erscheinenden Gesetze und Verordnungen zur Landesverteidigung erlassen (Art. 49) und den Vorsitzenden des NVR wählen sollte (Art. 50 und 52)

Okt. 1968   in allen Stadt- und Landkreisen werden zentrale Ausbildungslager der GST geschaffen[54]

7.2.1969   der Innenminister und Leiter der Zivilverteidigung erlässt eine die geheime Direktive „ZV 001/69" mit detaillierten Ausbildungs- und Einsatzanweisungen[55]

24.3.1969   Direktive über den Ausbau des Selbstschutzes durch den Innenminister[56]

Anfang 70er   die beginnende Entspannungspolitik („Wandel durch Annäherung") wird von der DDR-Führung als Bedrohung der innenpolitischen Stabilität empfunden[57]

Sept. 1970   der Bericht der Arbeitsgruppe für sozialistische Wehrerziehung im ZK an das Sekretariat des ZK im September 1970 macht deutlich, dass die Umsetzung des Beschlusses vom Sommer 1968 immer noch nicht flächendeckend gelungen war[58].

16.9.1970   Beschluss der Volkskammer über das Zivilverteidigungsgesetz und Aufhebung des Luftschutzgesetzes[59]

17.9.1970   der Luftschutz in der DDR wird jetzt offiziell in die Zivilverteidigung überführt[60]

1973/74	um diese Jahreswende vollzog das nunmehr zuständige Verteidigungsministerium wiederum eine Neuorganisation[61]. Die Grenzsoldaten wurden wieder aus der NVA herausgenommen, unterstanden allerdings weiterhin dem Ministerium für Staatssicherheit rechenschaftspflichtig[62]
1974	Die Grenzpolizei heißt ab jetzt Grenztruppen[63]
1.1.74	Umbenennung des „Kommandos Grenze" in „Grenztruppen der DDR" mit Statusveränderung als eigenständiges bewaffnetes Organ innerhalb des Verteidigungsministeriums[64]
1974	überarbeitete DDR-Verfassung kann den Verteidigungszustand beschließen
1.1.1974	Umbenennung des „Kommandos Grenze" in „Grenztruppen der DDR" mit Statusveränderung als eigenständiges bewaffnetes Organ innerhalb des Verteidigungsministeriums[65]
24.1.1974	Jugendgesetz der DDR[66]
7. Okt. 75	aber auch der Freundschaftsvertrag der DDR, enthält Passagen, auf die sich die Sowjetunion, bei ihren militärischen Entscheidungen stützen kann[67]
1.6.76	Wechsel der Zuständigkeit über die Zivilverteidigung vom Minister des Innern zum Minister für Nationale Verteidigung[68]
1978	eine umfassende Darlegung der Grundlagen und Aufgaben der DDR-Landesverteidigung erfolgte mit dem „Gesetz über die Landesvertei= digung" aus dem Jahr 1978, dass das Verteidigungsgesetz von 1961 ablöste[69]
1.1.78	als Abschluss der zweimonatigen Umorganisation tritt die Veröffentlichung einer Dienstlaufbahnverordnung der Zivilverteidigung in Kraft trat[70]
1.2.1978	Direktive des Ministeriums für Volksbindung zur Einführung des Wehrunterrichts an den Oberschulen[71]
Sept. 1978	Einführung des obligatorischen Wehrunterrichts für Schüler und Schülerinnen der 9. und 10. Klasse an den allgemeinbildenden Schulen
26.9.1978	mit dem Gesetz zur Ergänzung der Verfassung sicherte sich die DDR-Führung das verfassungsmäßige Recht (Art. 112) zur Gesetzgebung über den militärischen Schutz
13.10.78	Neufassung des Gesetzes über die Landesverteidigung der DDR[72]
29.5.1981	Anweisung des Ministeriums für Volksbildung zur vormilitärischen Ausbildung ab Klasse 11 an den Oberschulen[73]

ab 1974	waren die Grenztruppen zeitweise dem Ministerium des Innern oder dem Ministerium für Staatssicherheit unterstellt, ab dem Mauerbau jedoch dem Ministerium für Nationale Verteidigung. Ihre Befugnisse waren zuletzt im „Grenzgesetz" vom 25. März 1982 festgelegt[74].
1982	Wehrdienstgesetz
1985	NVR verabschiedet letztmalig „Grundsätze der Führung der DDR"
1990	zur Thematik der Wehrerziehung waren bis 1990 wissenschaftliche Arbeiten wegen strengster Geheimhaltungsvorschriften und der Verweigerung jeglicher Akteneinsicht für westliche Historiker kaum möglich gewesen[75]
1994	Im neunten Jugendbericht zur Unterrichtung der Bundesregierung wird die Wehrerziehung und die vormilitärische Ausbildung nicht zu den Sozialisationsagenturen gezählt[76]

1. Einleitung

Zum Thema der Wehrerziehung und inneren Verteidigung in der DDR waren bis 1990 wissenschaftliche Arbeiten wegen strengster Geheimhaltungsvorschriften und der Verweigerung jeglicher Akteneinsicht für westliche Historiker kaum möglich[77].

Als Katalysator für die Intensivierung der Bemühungen zur Schaffung eines einheitlichen internen Sicherheitssystems ist die Entwicklung des Militärwesens in den „sog. westlich-imperialistischen Staaten" zu sehen, die entgegen ihrer Mitwirkungsabsicht an der aktiven Entspannung, ihren Kurs der verstärkten Neuausrüstung ihres Militärs mit modernen Waffen und der weiteren Erhöhung ihrer Kampf- und Einsatzbereitschaft fortführen[78].

Sog. militärische und paramilitärische Organisationen und ein vor allem zur Machtsicherung nach innen bestimmter Apparat aus verschiedenen anderen bewaffneten Organen besaßen seit Gründung der DDR einen bedeutenden Stellenwert[79]. Dieses extreme Sicherheitsbedürfnis der politischen Führung der DDR findet seinen Ausdruck in der Vielzahl der militärischen und paramilitärischen Organisationen, die zum Schutze und zur Sicherung des Staates und der Gesellschaftsordnung in der SBZ/DDR aufgebaut und zu einem umfassenden „System" ausgebaut wurden[80].

Ca. zehn Prozent der erwerbsfähigen Bevölkerung, d.h. eine dreiviertel Million Menschen, waren in irgendeiner Form freiwillig oder dienstverpflichtet in den diversen Organen der Landesverteidigung beschäftigt[81]. Unter Landesverteidigung eines Staates versteht man alle Maßnahmen zu seiner äußeren und inneren Sicherheit[82]. Der Aufbau und die Entwicklung der Landesverteidigung werden in der Regel durch die geostrategische Lage, durch das strategische Konzept, durch wirtschaftliche Kraft und die politischen und verfassungsrechtlichen Bedingungen des Landes bestimmt[83].

Die Systemkritiker der DDR in Westdeutschland werten diese Maßnahmen zur Perfektionierung des „Systems der sozialistischen Landesverteidigung" in der DDR allerdings eher mehr als Ausdruck aggressiver Wehrideologie im Sinne einer sozialrevolutionären „Befreiermission" der DDR und der NVA[84] denn als Mittel zur Absicherung des gesellschaftlichen Status quo in der DDR[85].

2. Das Feindbild der DDR

„Wir haben allen Grund, keine Minute lang in unserer politischen und militärischen Wachsamkeit nachzulassen. Unser Feindbild stimmt genau. Am Bild gibt es nichts zu ändern, da sich der Feind selber nicht geändert hat"[86].

Mit diesen Worten bekannte sich Erich Honecker, der Generalsekretär des ZK der SED, zu einer Ideologie, die im Westen den Todfeind sieht[87]. Die westliche Entspannungspolitik wird in dieser Ideologie als „Anpassung" des Feindes abgetan zu dem dieser durch die Verhältnisse gezwungen wurde[88]. Der Feind bedroht die persönliche Existenz, die Familie und die Heimat[89]. Diese drei Strukturelemente finden sich im auch in demjenigen Feindbild, das schließlich auch in der NVA weitergegeben werden sollte[90]. Die Lehre vom gerechten und ungerechten Krieg, die Vorstellung von der imperialistischen Aggression und dem Schutz des Sozialismus steht bei der „Herausbildung eines realistischen Feindbildes" im Vordergrund[91].

Der NVA-Soldat erfährt daher,

„in der BRD wird dem Jungen von klein auf das Gift des Nationalismus, des Revanchismus und des Antikommunismus eingeflößt, um ihn in der Bundeswehr zu jenem Söldnertyp abrichten zu können, wie ihn die Bundeswehrgenerale brauchen: antikommunistisch, verhetzt, revanchistisch aufgeputscht, bereit, loszuschlagen (...) würde unsere Städte bombardieren, in unser Land einfallen" [92].

Dieses Feindbild ist auf einer rationalen theoretischen Ebene begründet, es wird in der Ausbildung gefestigt und wird schließlich emotional durch die Erziehung zum Hass kulminiert[93]. Für den NVA-Soldaten ist in der BRD durch eine Clique der Militaristen eine Armee geschaffen worden[94]. Dieser militaristischen Clique ist die Entstehung des antikommunistischen Faschismus zuzuschreiben[95]. Die Perzeption einer permanenten Existenzbedrohung von innen und durch den „Imperialismus" von außen gehörte zum durchgängigen Grundmuster der Militär- und Sicherheitspolitik der SED[96].

3. Grundlagen der sozialistischen Wehrerziehung und vormilitärischen Ausbildung[97]

Definition „sozialistische Wehrerziehung":

„Die sozialistische Wehrerziehung umfasst den zielgerichteten Prozess der Herausbildung und Festigung der Wehrbereitschaft aller Bürger[98]. Es geht hierbei um die planmäßige Förderung von Überzeugungen, von Eigenschaften, Kenntnissen und Verhaltensweisen, die den Bürger befähigen, seine Pflicht zur Verteidigung des Sozialismus wahrzunehmen"[99].

Definition der „vormilitärischen Ausbildung":

„Der Begriff der vormilitärischen Ausbildung beschreibt die militärpraktischen Übungen, die im wesentlichen dem Konzept einer Vorbereitung auf die klassische militärische Grundausbildung in der NVA folg"[100].

Im Mittelpunkt steht die Ausprägung der Grundmotive für die Verteidigung: der Überzeugung von der Verteidigungswürdigkeit des Sozialismus, basierend auf dem sozialistischen Patriotismus und dem „proletarischen Internationalismus", die ihren Ausdruck in der Waffenbrüderschaft mit den Kämpfern gegen den Imperialismus finden[101]. Die SED hatte Bestrebungen, besonders bei der Jugend eine Wehrmotivation zu schaffen und diese fortwährend zu erhöhen[102].

Jede Phase der gesellschaftlichen Entwicklung erforderte ihre eigenen Erziehungsschwerpunkte[103]. Standen nach 1945 massive antifaschistische Umerziehungsbemühungen im Vordergrund, so wurden die Inhalte im Laufe der Zeit immer mehr zugunsten sozialistischen Gedankenguts verändert, die den Entwicklungsphasen der kommunistischen Gesellschaft entsprechen sollten[104].

Unter Bezugnahme auf die marxistische Lehre und die revolutionäre Geschichte setzte zudem zu Beginn der fünfziger Jahre eine ständig wachsende Wehrpropaganda ein, durch die bei den Bürgern in der DDR die psychologischen Grundbedingungen für eine Bewaffnung der DDR geschaffen werden sollten[105].

Mit dieser Propaganda und in Übereinstimmung mit den pädagogischen Prinzipien des Marxismus-Leninismus wurde die sozialistische Wehrerziehung fester Bestandteil aller pädagogischen Bestrebungen[106]. Nach Beendigung des Krieges und der darauf folgenden antifaschistischen Umerziehung stand die SED vor dem

Problem, dass sich in der Bevölkerung pazifistische Tendenzen bildeten, die es zu überwinden galt[107].

4. Anfänge und Entstehung der militärisch organisierten Wehrerziehung[108]

4.1 GSSD

Die stärkste militärische Macht in der DDR besteht nicht aus deutschen Einheiten[109]. Seit 10. Juni 1945 gewährleistete die Gruppe der Sowjetischen Besatzungsgruppen in Deutschland, die ab März 1954 Gruppe der Sowjetischen Streitkräfte in Deutschland (GSSD) genannt wurde, den äußeren Schutz der kommunistischen Herrschaft in der SBZ[110]. Die Gesamtstärke GSSD ist mit rund 350 000-400 000[111] Mann, überwiegend Elitesoldaten, gut doppelt so stark wie die NVA[112]. Sie bildete die größte Militärformation außerhalb der Sowjetunion und damit das wohl wichtigste Instrument sowjetischer Militär- und Sicherheitspolitik in Europa[113]. Obwohl die Regierung der DDR im März 1954 die DDR für „souverän" erklärt hatte und nunmehr von einem „zeitweiligen Aufenthalt" sowjetischer Truppen im Land sprach, behielt sie sich nach dem Abkommen über die Truppenstationierung vom März 1957 im Falle einer Bedrohung das uneingeschränkte Recht vor, Maßnahmen zur Beseitigung einer eintretenden Gefahr zu treffen, ohne dass der DDR ein Mitspracherecht eingeräumt worden war[114].

Die Truppen der GSSD wurden in den 60er Jahren vor allem in der DDR-Presse meist als „zeitweilig in der DDR stationierte sowjetische Streitkräfte" bezeichnet, und heißen nicht ohne Grund GSSD[115]. Diese offizielle Bezeichnung bedeutet, dass diese Truppen in einem Land stationiert sind, das auf der politischen Landkarte der SED längst nicht mehr existiert[116]. Das Etikett einer in „Deutschland" stationierten Truppe gibt der Sowjetarmee eine doppelte Legitimation[117].

Nachdem der Arbeiteraufstand in der DDR mit der Hilfe russischer Panzer unterdrückt worden war, meinte Lawrenti P. Berija:

„Die DDR? Was ist das schon, diese DDR? Nicht einmal ein richtiger Staat. Sie existiert nur aufgrund der sowjetischen Truppen, auch wenn wir sie die „Deutsche Demokratische Republik" nennen[118].

Diese sowjetischen Soldaten sind zwar häufig an historischen Stätten und öfter auch auf den Straßen der Garnisonsstädte zu sehen, und ihre endlosen Konvois auf Autobahnen und Landstraßen sind häufig ein arges Verkehrshindernis, zumal sie die Verkehrsregeln der DDR souverän übersehen[119].

Die Durchpeitschung des SED-Kurses zum „Aufbau des Sozialismus" hatte die DDR 1953 in eine tiefe wirtschaftliche Krise gestützt[120].

Versuche der Regierenden, den Krisenerscheinungen durch administrative Maßnahmen, z.B. durch verordnete Normenerhöhungen und Einsparungen im sozialen Bereich zu begegnen, führten zu einer wachsenden Zahl von offenen Protesten der Bevölkerung gegen die Politik der SED[121]. Die Berliner Bauarbeiterdemonstration vom 16. Juni 1953 gab das Signal zu einer spontanen Volkserhebung am folgenden Tag in fast allen Bezirken der DDR[122].

Die zur Niederwerfung des Aufstandes eingesetzten Organe der DDR erfüllten ihre Aufgabe nicht[123].

Die am 17. Juni 1953 und an den Folgetagen gebildeten Einsatzleitungen in den Bezirken und Kreisen wurden im Juli 1953 und im Januar 1954 mit zwei Beschlüssen des Politbüros institutionalisiert[124].

Die für die SED-Führung traumatische Erfahrung der Volkserhebung führte 1953/54 zur Herausbildung von Grundlagen eines inneren Sicherheitssystems gegen die eigene Bevölkerung[125]. Infolgedessen wird 1953 die sog. Sicherheitskommission des ZK bzw. des Politbüros unter Leitung des Ersten Sekretärs des ZK der SED gebildet, aus der ab 1960 der NVR hervorgeht[126].

- Folgen der Volkserhebung

• Führungsorgane werden als Einsatzleitungen auf unterschiedlichen Ebenen geschaffen

In den Jahren 1953/54 werden ferner infolge der Volkserhebung als Führungsorgane Einsatzleitungen auf unterschiedlichen Ebenen geschaffen und entwickelt[127]. Am 26. Januar 1954 beschloss das Politbüro „Maßnahmen in Ausnahmefällen", die einen Stufenplan des Einsatzes der bewaffneten Organe bei inneren Unruhen vorsahen[128].

• erste Organisationsstrukturen für ein inneres Einsatzsystem

Mit dem Befehl des Ministers des Innern vom 28.1.1954 über „Maßnahmen zur Abwehr von Angriffen auf die Staatsordnung der DDR" begann die Realisierung der Einsatzstrukturen und –planungen, so dass Mitte der 50er Jahre erste Organisationsstrukturen für ein inneres Einsatzsystem existierten[129].

- Zusammenfassung der aus Formationen des MdI und der Staatssicherheit: gebildeten Truppen 1956 wurden die ein Jahr zuvor aus Formationen des MdI und der Staatssicherheit gebildeten „Inneren Truppen" unter der Bezeichnung „Hauptverwaltung Innere Sicherheit (HVIS)" zusammengefasst[130].

4.2 Zivilverteidigung

Die Anfänge der militärisch organisierten Zivilverteidigung in der DDR reichen bis in das Jahr 1956 zurück[131]. Vermutlich auf Drängen der Sowjets erfolgten die ersten Schritte nach der Gründung der NVA und dem Beitritt der DDR zum Warschauer Pakt zunächst im Geheimen[132]. Zu diesem Zeitpunkt firmierte die Zivilverteidigung noch unter der Bezeichnung Luftschutz[133].

- Im Januar 1956 wurde die NVA und das Ministerium für Nationale Verteidigung mit dem Gesetz der „Schaffung der westdeutschen Söldnerarmee" gebildet[134].

Am 8. November 1956 widmete sich das Politbüro angesichts einer schweren inneren Krise in der DDR mit seinen
„Maßnahmen zur Unterdrückung konterrevolutionärer Aktionen" erneut der Ausgestaltung des Schutz- und Sicherheitsapparats[135].

Aufgrund eines 18.1.57 Volkskammerbeschluss über das Gesetz zur Schaffung der NVA und des Ministeriums für Nationale Verteidigung, Beitritt der DDR zum Warschauer Pakt[136]

- Gründung einer Organisation freiwilliger Luftschutzhelfer im April 1957
Im April 1957 kündigt der DDR-Ministerrat die Gründung einer „Organisation freiwilliger Luftschutzhelfer" unter strenger Geheimhaltung an[137].

Am 8. November 1956 widmete sich das Politbüro angesichts einer schweren Krise in der DDR mit seinem Beschluss „Maßnahmen zur Unterdrückung konterrevolutionärer Aktionen" erneut der Ausgestaltung des Schutz- und Sicherheitsapparats[138].

In der DDR wies der damalige ZK-Sekretär für Sicherheitsfragen Erich Honecker, im Mai 1957 erstmalig in einer Veröffentlichung auf die Bedeutung einer umfassenden Landesverteidigung für den ostdeutschen Staat hin[139]: er stellte die Aufgabe, die bewaffneten Organe unter Führung der SED zu einem „System der Verteidigung" nach innen und außen zusammenzuführen und die Fragen zu einer Angelegenheit aller Führungsorgane in Partei und Staat zu machen[140].

Die zweite Rechtsgrundlage für die Anwesenheit der GSSD sind die entsprechenden Vereinbarungen mit der Regierung der DDR[141]. Das ist vor allem der Truppenstationierungsvertrag aus dem Jahre 1957[142]. Aber auch der Freundschaftsvertrag der DDR vom 7. Oktober 1975 enthält Passagen, auf die sich die Sowjetunion bei ihren militärischen Entscheidungen stützen kann[143].

So heißt es in der Präambel, die Vertragspartner seien
„entschlossen, die sich aus dem Warschauer Vertrag über Freundschaft, Zusammenarbeit und gegenseitigen Beistand vom 14. Mai 1955 ergebenden Verpflichtungen strikt einzuhalten"[144].

Im Februar 1958 wird offiziell ein Gesetz über den Luftschutz in der DDR und eine Verordnung über die Bildung einer Organisation freiwilliger Luftschutzhelfer verkündet[145].

Anfang der 1960er Jahre begann die zweite Phase der Entwicklung der DDR-Landesverteidigung[146]. Zu diesem Zeitpunkt wurde unter Wehrerziehung allgemein die ideologische Vorbereitung auf den Wehrdienst, respektive die Verteidigungsbereitschaft überhaupt, verstanden[147].
Sie war der patriotischen Erziehung zugeordnet[148]. Vormilitärisch war als militärisch-praktische Ausbildung konzipiert, die zugleich auf die Dienstzeit in der NVA vorbereite als auch die allgemeine Wehrfähigkeit heben sollte[149].

Dies hatte ihre eigenen ideologischen Inhalte, die sich an militärpraktischen Erfordernissen orientierten[150]. In dieser Zeit wird man aber auch damit rechnen müssen, dass der Begriff „Wehrerziehung" als Synonym für „militärische Ausbildung" mit dem Sinn der militärpraktischen Ausbildung verwandt wird[151].

1960 wurde die Sicherheitskommission der SED per Gesetz über die Bildung des NVR vom 10.2.1960[152] durch den NVR[153] abgelöst und die KPdSU verkündete die neue sowjetische Militärdoktrin, die nunmehr den Rahmen für die Landesverteidigung des Ostblocks absteckte[154].

Seit 1960 bestehen in der DDR in den 14 Bezirken, in Ost-Berlin sowie in den 227 Stadt- und Landkreisen Einsatzleitungen als interne operative Notstandsorgane im Luftschutz[155].

Am 11.2.60 wird Walter Ulbricht zum Vorsitzenden des NVR ernannt[156]. Am 13.8.1961 beteiligen sich alle bewaffneten Organe der DDR am Mauerbau in Berlin[157].

Das erste Verteidigungsgesetz aus dem Jahr 1961 hob demgemäß hervor, dass der Schutz der DDR und die Erfüllung der Bündnisverpflichtungen

„auf allen Gebieten des staatlichen, wirtschaftlichen und gesellschaftlichen Lebens besondere Maßnahmen zur Stärkung der Verteidigungsfähigkeit" erfordern[158].

Die zweite Phase der DDR-Landesverteidigung endet 1967 mit dem Übergang zur Schaffung eines umfassenden Systems[159]. Die im April 1968 neu in Kraft getretene und 1974 überarbeitete DDR-Verfassung legte fest, dass die Volkskammer den Verteidigungszustand beschließen, alle ihr notwendig erscheinenden Gesetze und Verordnungen zur Landesverteidigung erlassen (Art. 49) und den Vorsitzenden des NVR wählen sollte (Art. 50 und 52).

- Anfang der siebziger Jahre wurde die beginnende Entspannungspolitik („Wandel durch Annäherung") von der DDR-Führung als Bedrohung der innenpolitischen Stabilität empfunden[160].

- Der Bericht der Arbeitsgruppe für sozialistische Wehrerziehung im ZK an das Sekretariat des ZK im September 1970 macht deutlich, dass die Umsetzung des Beschlusses vom Sommer 1968 immer noch nicht flächendeckend gelungen war[161].

- Am 16.9.1970 beschließt die Volkskammer das Zivilverteidigungsgesetz und hebt das Luftschutzgesetz auf[162]. Am folgenden Tag, den 17.9.1970, wird der Luftschutz in der DDR jetzt offiziell in die Zivilverteidigung überführt[163].

- Die 1974 überarbeitete DDR-Verfassung kann den Verteidigungszustand beschließen[164].

- Im neunten Jugendbericht zur Unterrichtung durch die Bundesregierung[165] von 1994 wird die Wehrerziehung und die vormilitärische Ausbildung nicht zu den Sozialisationsagenturen gezählt[166].

5. 9. Parteitag der SED im Mai 1976[167]

Bereits nach dem 8. Parteitag der SED wurde die Wehrerziehung intensiviert, was im Widerspruch zu den Bemühungen um Entspannung in Europa stand[168]. Offenbar zur Zeit dieses Parteitages muss die Entscheidung darüber gefallen sein, dass die Zivilverteidigung verstärkt und reorganisiert werden solle[169].

Auf ihrem 9. Parteitag hat die SED schließlich infolgedessen in ihrem verabschiedeten Programm den Ausbau der Zivilverteidigung beschlossen und die Kräfte der Zivilverteidigung in einem Atemzug mit den übrigen bewaffneten Organen genannt[170].

In einem zuvor veröffentlichten Entwurf des neuen SED-Parteiprogramms war dies noch nicht der Fall; erst durch eine nachträgliche Einfügung wurde auch die Bedeutung der Zivilverteidigungskräfte für die Landesverteidigung hervorgehoben[171].

Diese Neubewertung der Zivilverteidigung deutete sich zuvor schon an, als im Zusammenhang mit der sogenannten Volksaussprache über die Entwürfe von Programm und Statut der SED in einem Leserbrief an die SED-Zeitung „Neues Deutschland" gefordert wurde, die „bedeutende Rolle der Zivilverteidigung" stärker hervorzuheben[172].

So heißt es jetzt im Programm der SED:

„Die Nationale Volksarmee, die Grenztruppe der DDR, die Organe des Ministeriums des Inneren und des Ministeriums für Staatssicherheit und die Kräfte der

Zivilverteidigung sowie die Kampftruppen der Arbeiterklasse haben die Pflicht, stets eine hohe Kampfkraft und Gefechts- bzw. Einsatzbereitschaft zum Schutz des Sozialismus und des Friedens sowie zur Gewährleistung der territorialen Integrität , der Unverletzlichkeit der Staatsgrenzen und der staatlichen Sicherheit der Deutschen Demokratischen Republik unter allen Bedingungen zu sichern"[173].

Abschluss der zweimonatigen Umorganisation war die Veröffentlichung einer Dienstlaufbahnverordnung der Zivilverteidigung, die am 1.1.78 in Kraft trat[174].

In § 1 der Laufbahnverordnung heißt es, dass der Dienst in der Zivilverteidigung als Ersatz für den aktiven Widerstand oder den Reservistendienst anerkannt wird, und dass der Dienst in der Zivilverteidigung vom Minister für Nationale Verteidigung durch Befehle, Dienstvorschriften und sonstige Bestimmungen geregelt wird[175]. Der Zuständigkeit des Verteidigungsministers unterstehen damit nicht nur die NVA und die Grenztruppen, sondern nun auch offiziell die Zivilverteidigung[176].

1978 erfolgte eine umfassende Darlegung der Grundlagen und Aufgaben der DDR-Landesverteidigung mit dem „Gesetz über die Landesverteidigung", dass das Verteidigungsgesetz von 1961 ablöste[177].

Mit dem Gesetz zur Ergänzung der Verfassung vom 26.9.1979 sicherte sich die DDR-Führung das verfassungsmäßige Recht (Art. 112) zur Gesetzgebung über den militärischen Schutz.

1985 verabschiedete der NVR letztmalig „Grundsätze der Führung der DDR"

6. Wehrerziehung im staatlichen Bildungswesen[178] und in Massenorganisationen[179]

Das Jugendgesetz der DDR sowie das Wehrdienstgesetz von 1982 liefern den rechtlichen Rahmen für die Wehrerziehung außerhalb der bewaffneten Organe[180].

Dieses Jugendgesetz bildet den Endpunkt einer Entwicklung, die auf die Erziehung zur Verteidigungsbereitschaft sowie die vormilitärische Erziehung als Bestandteil der Bildung und Erziehung in allen gesellschaftlichen Institutionen zielt[181].

Neben vielen anderen Pflichten wird der Jugend die Aufgabe zugewiesen, „wehrpolitische Bildung, vormilitärische Kenntnisse und Fertigkeiten zu erwerben sowie in der NVA zu dienen."[182]

- zielgereichten Prozess der Herausbildung und Festigung der Wehrbereitschaft aller Bürger

Diese Wehrerziehung umfasst den zielgerichteten Prozess der Herausbildung und Festigung der Wehrbereitschaft aller Bürger[183]. Es geht hierbei um die planmäßige Förderung von Überzeugungen, von Eigenschaften, Kenntnissen und Verhaltensweisen, die den Bürger befähigen, seine Pflichten zur Verteidigung des Sozialismus wahrzunehmen[184].

Im Mittelpunkt steht die Ausprägung der Grundmotive für die Verteidigung: der Überzeugung von der Verteidigungswürdigkeit des Sozialismus, basierend auf dem sozialistischen Patriotismus und dem proletarischen Internationalismus, und der Überzeugung, dass Wachsamkeit und militärische Macht des Sozialismus erforderlich sind, solange der Imperialismus existiert[185]. Es war das wesentliche ideologische Ziel bereits im Rahmen der „sozialistischen Wehrerziehung", den jungen Menschen schon im Kindesalter

„eine feste, klassenmäßige Haltung zum sozialistischen Staat, zu seinen Freunden und seinen Feinden" zu vermitteln[186].

1. Staatliches Bildungswesen

1.1 Kindergarten

Die Wehrerziehung begleitet daher mit der obligatorischen Pflicht zur Teilnahme als „durchgängiges Prinzip" sowohl das Studium an den Hochschulen wie auch die, dass die Wehrerziehung in Kindergarten und Schule außerhalb dieser Einrichtungen ergänzt und vertieft wird[187].

Die Bildungs- und Erziehungsarbeit im Kindergarten dient neben der Schul- und Lebensvorbereitung auch der Erziehung zur Heimat- und Friedensliebe[188]. Diese als patriotische Erziehung zu bezeichnenden Bemühungen, zu der auch die Wehrerziehung gehört, setzen bereits bei dreijährigen Kindern im Kindergarten ein[189]. Innerhalb des Kindergartens sind die Kinder in eine jüngere, mittlere und ältere Gruppe aufgeteilt[190]. Außerdem ist das laufende Jahr quartalsmäßig unterteilt, so dass im Kindergarten eine differenzierte Bildungs- und Erziehungsarbeit möglich ist[191]. Curriculare Grundlagen dieser pädagogischen Arbeit sind im Bildungs- und Erziehungsplan für den Kindergarten zu finden[192].

1.2 Schule

„Das Ziel der sozialistischen Wehrerziehung für die Schuljugend der DDR besteht darin, dass sie
- auf der Grundlage des Marxismus-Leninismus, der Einheit von sozialistischem Patriotismus und Internationalismus, ihre Liebe und Verbundenheit zum sozialistischen Vaterland und die Treue und Ergebenheit gegenüber der Partei der Arbeiterklasse vertieft und festigt, das unmenschliche System des Imperialismus haßt und klassenmäßig geprägte Vorstellungen über Freund und Feind besitzt;
- im Sinne fester marxistisch-leninistischer Klassenpositionen die Verteidigung des Sozialismus als Notwendigkeit erkennt und danach strebt, sich Eigenschaften revolutionärer Kämpfer anzuerziehen;
- entsprechend der Klassen- und Altersstufe Grundfragen der sozialistischen Militärpolitik und Landesverteidigung kennt, mit Interesse ihre Entwicklung verfolgt und den Sinn des Soldatseins erfasst:
- sich durch eine stabile sozialistische Wehrmotivation und Wehrmoral auszeichnet und bereit ist, den Fahneneid zu leisten;
- sich allseitig auf die Verteidigung des Sozialismus, auf die Ableitung des Wehrdienstes vorbereitet und entsprechend den gesellschaftlichen Erfordernissen sich freiwillig und bewusst als Soldat auf Zeit oder Berufssoldat verpflichtet"[193].

So heißt es im Jugendgesetz der DDR von 1974:

„Die Verteidigung des sozialistischen Vaterlandes und der sozialistischen Staatengemeinschaft ist Recht und Ehrenpflicht aller Jugendlichen. Aufgabe der Jugend ist es ..., in der NVA und den anderen Organen der Landesverteidigung zu dienen. Dieser Ehrendienst wird durch die sozialistische Gesellschaft hoch geachtet"[194].
Dieses Jugendgesetz bildet den Endpunkt einer Entwicklung, die auf die Erziehung zur Verteidigungsbereitschaft sowie die vormilitärische Erziehung als Bestandteil der Bildung und Erziehung in allen gesellschaftlichen Institutionen zielt[195].

6.2 Massenorganisationen

Die Absicht einer umfassenden Wehrerziehung der gesamten Bevölkerung erfordert notwendigerweise eine Fortsetzung dieser Bemühungen auch nach Beendigung der Schulzeit bzw. des Dienstes in den bewaffneten Organen der DDR[196].

Diese Aufgaben obliegen den Jugendmassenorganisationen der DDR, also der Freien Deutschen Jugend (FDJ) und ihrer Untergliederung, der Pionierorganisation „Ernst Thälmann", sowie schließlich der Gesellschaft für Sport und Technik (GST)[197].

6.2.1 Die Pionierorganisation „Ernst Thälmann"

Die Pionierorganisation, die ihren Traditionsnamen von dem Kommunistenführer der Weimarer Zeit, Ernst Thälmann, hat, findet ihre organisatorische Basis in den Schulklassen[198]. Jede Klasse entspricht einer Pioniergruppe, jede Schule einer sog.

Pionierfreundschaft[199]. Zur Leitung der Pionierfreundschaft wird von der FDJ-Kreisorganisation eigens ein hauptamtlicher Pädagoge bestellt[200].

Der Organisationsgrad, die sozialistischen Kinderorganisation wird in der Literatur zwischen 88 und 99 Prozent der Altersstufe der sechs bis 14jährigen angegeben[201]. Es wird zwischen Jungpionieren (Klasse 1-3) und den Thälmännpionieren (Klasse 4-7) unterschieden[202].

Die frühzeitige Ausprägung von Wehrmotiven ist ein – wenn auch nicht das einzige – Ziel, das durch die Pionierarbeit angestrebt wird[203]. Die üblichen Motive, Liebe und Hass, Internationalismus und Patriotismus finden sich, kindergemäß aufbereitet, bei den sog. 10 Geboten der Jungpionieren (Klasse 1-3) und den 10 Gesetze der Thälmannpioniere (Klasse 4-7) unterschieden[204].

Die frühzeitige Ausprägung von Wehrmotiven ist ein – wenn auch nicht das einzige – Ziel, das durch die Pionierarbeit angestrebt wird[205]. Die üblichen Motive, Liebe und Hass, Internationalismus und Patriotismus finden sich, kindgemäß aufbereitet bei den sog. 10 Geboten der Jungpioniere und den 10 Gesetzen der Thälmannpioniere wieder[206].

6.2.2 Die Freie Deutsche Jugend (FDJ)

Die Freie Deutsche Jungend ist die einzige von der SED zugelassene und geförderte Jugendorganisation der DDR für alle Jugendlichen ab 14 Jahren[207].

Das „Kleine Politisches Wörterbuch" charakterisiert die FDJ folgendermaßen: Sie „mobilisieren die Jugend" für die aktive Teilnahme am Aufbruch des Sozialismus[208] ... Als Helfer der Partei ist es die wichtigste Aufgabe des Jugendverbandes, die heranwachsende Generation zu Sozialisten zu erziehen, die sozialistisch arbeiten, lernen und leben. Er erfüllt seine Rolle[209]

Der Vorläufer der FDJ war der kommunistische Jugendverband Deutschlands, der 1933 von den Nationalsozialisten verboten wurde[210]. Die FDJ wurde am 7.3.1946 gegründet[211]. Der Name wurde 1944/45 in London geprägt, wo Johann Weigert eine deutsche Exil-Jugendorganisation schuf[212].

Das erste Parlament fand vom 8. bis zum 10. Juni 1946 in Brandenburg statt[213].

Seit dem 1. FDJ-Schuljahr 1951 wurde die Staatsjugendorganisation auf die Parteilinie der SED ausgerichtet[214].

Seitdem wird die FDJ auch als Kaderreserve der SED bezeichnet[215]. In den Einheiten der NVA und der Bereitschaftspolizei gibt es (ähnlich wie die Parteileitung der SED) FDJ-Organisationen[216]. Sie erhalten ihre Direktiven von der Abteilung bewaffnete Kräfte des Zentralrates der FDJ und arbeiten eng mit den SED-Parteiorganisationen zusammen[217].

Über die Betriebs-, Schul- und Hochschulgruppen der FDJ kontrolliert die SED die Jugend in der DDR nahezu ausschließlich[218]. Die FDJ lenkt wiederum die Staatliche Kinderorganisation „Junge Pioniere"[219].

Zum Vorsitzenden wurde Erich Honecker gewählt, der seit dem Frühjahr 1971 erster Sekretär der SED ist[220]. In ihrem Statut bezeichnet sie sich als „die einheitliche sozialistische Massenorganisation der Jugend der DDR"[221].

Sie „arbeitet unter der Führung der SED und betrachtet sich als deren aktiver Helfer und Kampfreserve[222]. Sie vereint alle Jugendlichen zwischen dem 14. und 25. Lebensjahr,

„die treu zur Arbeiter- und Bauern-Macht stehen, die die Kühnheit besitzen, unermüdlich dafür zu kämpfen, dass alle jungen Menschen in einem sozialistischen Deutschland leben. Die Mitglieder der FDJ scheuen keine Opfer im Kampf gegen Imperialismus und Militarismus[223]. Sie kämpfen mit Leidenschaft und Enthusiasmus für ein Deutschland, in dem alle Menschen ohne Ausbeutung und Furcht vor dem morgigen Tag leben werden"[224].

Als „aktiver Helfer der Partei" erhebt die FDJ einen Erziehungs- und Führungsanspruch für die gesamte Jugend der DDR[225]. Im Rahmen der sozialistischen Wehrerziehung bemüht sie sich vor allem um eine fruchtbare wehrpolitisch-ideologische und emotionale Erziehungsarbeit[226]. Ziel dieser Bemühungen ist es, „die Jugendlichen der DDR in ihrer Unversöhnlichkeit und ihrem Hass gegen den Imperialismus und seine reaktionäre Politik" zu bestärken[227].

Die FDJ trägt den Forderungen und Erwartungen der Partei – in Bezug auf sozialistische Wehrerziehung – Rechnung, indem sie im „Statut der Freien Deutschen Jugend" ihre Mitglieder verpflichtet, alle ihre „Kräfte aufopferungsvoll für die Verteidigung der Arbeiter- und Bauern-Macht einzusetzen, wachsam gegenüber den Anschlägen der Feinde des Friedens und des Sozialismus zu sein, die bewaffneten Organe der DDR in ihrer Tätigkeit zu unterstützen[228]; sich ständig, besonders in Vorbereitung auf den Wehrdienst, Kenntnisse und Fähigkeiten zum sicheren Schutz des Sozialismus anzueignen, als Angehöriger der NVA, der Grenztruppen der DDR bzw. der anderen Schutz- und Sicherheitsorgane um höchste militärische Meisterschaften zu ringen und hohe Einsatzbereitschaft und Disziplin zu beweisen[229].

Eine Sonderstellung nehmen die FDJ-Ordnungsgruppen ein[230]. Sie wurden im August 1961 gebildet und erhielten seit 1962 eine volkspolizeiliche Ausbildung[231].

Als Vorbild dienen die „Truppe der öffentlichen Ordnung und Sicherheit des Leninschen Komsomol"[232]. Ende 1972 gab es in der DDR etwa 4000 Ordnungsgruppen der FDJ mit etwa 40 000 Angehörigen[233]. Sie sind in Zehnergruppen und Hundertschaften organisiert und bilden praktisch eine politische Hilfspolizei[234].

6.2.3 Die Gesellschaft für Sport und Technik (GST) und der Dienst für Deutschland (DD)

Die 1952 gegründete „Gesellschaft für Sport und Technik" ist die vormilitärische Ausbildungsorganisation für Jugendliche im Alter von 14 Jahre an[235]. Während die Ausbildung in den sog. Polytechnischen Oberschulen (Klasse 1-10) noch „freiwillig" ist, werden die Jugendlichen in den sog. Erweiterten Oberschulen (Klassen 11-12) und in den Lehrlingsausbildungsstätten zum Dienst verpflichtet, wobei 20 Dienststunden monatlich vorgeschrieben sind[236].

Im Sommer 1952 werden mit der Gesellschaft für Sport und Technik (GST) und dem Dienst für Deutschland (DD) Organisationen geschaffen, die der Erhöhung der Verteidigungsbereitschaft in der Bevölkerung, vor allem bei der Jugend, dienen sollten[237].

Vormilitärische Ausbildung leistet hier vor allem die GST, in der ca. 490 000 Jugendliche organisiert sind[238]. Lagen die Aufgaben des GST in den ersten Jahren vornehmlich im Bereich der Schaffung eines sowohl militärisch wie politisch-ideologisch qualifizierten Potentials an Männern, die zum Eintritt in die „Kasernierte Volkspolizei" (KVP) und die Kampfgruppen bereit und befähigt waren, so verlagerte sich der Schwerpunkt der Arbeit der GST nach Einführung der allgemeinen Wehrpflicht im Januar 1962[239].

Seit 1962 unterhält die GST 12 Wehrertüchtigungslager, auch Lager „Junger Patrioten" genannt[240]. Hier erhalten in 12tägigen Kursen Jugendliche eine vormilitärische Spezialausbildung[241]. Die Ausbilder sind Reserveoffiziere der NVA[242].

Ein Ausbildungslehrgang umfasst in jedem Lager 1000 Jugendliche[243]. Sie sind während der Ausbildung nach Hundertschaften gegliedert[244]. Im Oktober 1968 wurden darüber hinaus in allen Stadt- und Landkreisen Zentrale Ausbildungslager der GST geschaffen[245].

Die GST wurde von Beginn an verpflichtet, mit den „demokratischen Massenorganisationen", vorrangig natürlich mit der FDJ, zusammenzuarbeiten[246]. Bis zur Gründung des Verteidigungsministeriums im Jahre 1956 unterstand die GST der Anleitung des Innenministeriums[247].

Der DD kam in einer frühen Phase der Aufrüstung der DDR für einen kurzen Zeitraum im Rahmen der Schaffung der militärischen Infrastruktur zum Einsatz[248].

Eine wichtige Rolle spielte die GST als „sozialistische Wehrorganisation" mit dem Auftrag zur Planung und Durchführung der vormilitärischen Ausbildung als „Schule des Soldaten von morgen" und zur Förderung der Wehrbereitschaft aller Bürger[249].

6.3 NVA und Wehrerziehung

Als Gründungstag für die NVA den 30. Oktober 1945 und die anderen „bewaffneten Organe" an[250]. Im gesamten Prozeß der sozialistischen Wehrerziehung nahm der Dienst in der NVA zu jeder Zeit einen besonderen Platz ein[251]. Die ehrenvolle Pflichterfüllung in der sozialistischen Armee wie in anderen bewaffneten Kräften der DDR war und ist sowohl das bestimmende Ziel der gesamten Wehrerziehung der Jugend als auch das Bewährungsfeld für die Wirksamkeit vorangegangener Erziehung und Ausbildung[252].

Der Beitrag der NVA zur Wehrerziehung erstreckt sich von der aktiven Unterstützung der gesamten militärischen Agitation und Propaganda, der vielfältigen ideellen, personellen und materiellen Unterstützung der vormilitärischen Ausbildung der Jugend und des Wehrunterrichts an den Schulen bis hin zur Bereitstellung von Literatur[253]. Dazu zu rechnen ist der Beitrag zahlreicher Offiziere und von Angehörigen der anderen bewaffneten Organe als eine entscheidende Voraussetzung für die Entwicklung der Wehrerziehung in allen gesellschaftlichen Bereichen[254].

6.4 Grenztruppen der DDR

Als neben den sowjetischen Truppen ab 1946 die sog. Deutsche Grenzpolizei an der Zonengrenze erschien, konzentrierte sie sich infolge ihres noch geringen

Personalbestandes auf die Grenzübergänge und wechselnde Streifeneinsätze in dem riesigen Überwachungsraum[255]. Ende November 1946 ordnete die SMAD in Deutschland die Aufstellung sowjetzonaler Grenzpolizeieinheiten an[256]. Die Kontrolle der DDR-Grenzen unterlag bis 1955 sowjetische Einheiten[257]. Angesichts hoher Fluchtzahlen aus der damaligen SBZ hielt es die SMAD bereits im November 1946 für erforderlich, die deutsche Grenzpolizei aufzustellen und zu bewaffnen[258].

Im Jahr 1948 wurden die unterdessen rund 10 000 Mann kaserniert und militärisch ausgebildet[259].

Die Grenzpolizei (ab 1974 Grenztruppen) war zeitweise dem Ministerium des Innern oder dem Ministerium für Staatssicherheit unterstellt., ab dem Mauerbau jedoch dem Ministerium des Innern oder dem Ministerium für Staatssicherheit unterstellt, ab dem Mauerbau jedoch dem Ministerium für Nationale Verteidigung. Ihre Befugnisse waren zuletzt im „Grenzgesetz" vom 25.März 1982 festgelegt[260].

Unzulänglich ausgerüstet und bewaffnet wurden „bewährte Antifaschisten" hauptsächlich aus den Reihen der Volkspolizei an die Zonengrenze beordert, wo sie laut Verteidigungsminister Hoffmann, an der Seite der „sowjetischen Genossen" den „Aufbau unserer antifaschistisch-demokratischen Ordnung gegen Agenten und Saboteure, aber auch gegen Kriegsverbrecher, die ihrer gerechten Strafe zu entfliehen suchten, gegen Buntmetallschieber, Währungsspekulanten und anderes verbrecherisches Gesindel" zu verteidigen hatten[261].

1948 wurde die Deutsche Grenzpolizei auf sowjetischen Befehl kaserniert, militärisch ausgebildet und mit Karabinern ausgerüstet[262]. Die Grenzpolizei, 1949 hatte sie bereits eine Stärke von 18 000 Mann, unterstand aus Tarnungsgründen anfangs der Deutschen Volkspolizei[263].

In den 50er wechselte die Zuständigkeit für die Grenzpolizei insgesamt viermal zwischen dem Ministerium des Innern und dem Ministerium für Staatssicherheit[264].

Kurz nach dem Mauerbau, am 15. September 1961 erklärte man die Grenzpolizei als „Kommando-Grenze" zur Teilstreitkraft der NVA[265]. Im die Jahreswende 1973/74 vollzog das nunmehr zuständige Verteidigungsministerium wiederum eine Neuorganisation[266]. Die Grenzsoldaten wurden wieder aus der NVA herausgenommen, unterstanden allerdings weiterhin dem Ministerium für Staatssicherheit rechenschaftspflichtig[267].

7. Wehrerziehung und Zivilverteidigung

Es gab in der Regel keinen DDR-Bürger, der ohne über Grundkenntnisse in der Zivilverteidigung zu verfügen in das Berufsleben eintrat[268]. Dafür sorgte die umstrittene Einführung des obligatorischen Wehrunterrichts für Schüler und Schülerinnen der 9. Klasse und 10. Klassen an den allgemeinbildenden Schulen im September 1978 und die Anweisung der Volksbildungsministerin Margot Honecker zur vormilitärischen Ausbildung ab Klasse 11 an den Oberschulen vom Mai 1981[269]. Für die Schüler der 9. und 10. Klasse war die vormilitärische Ausbildung – von der integrierten Wehrerziehung in den Pflichtfächern abgesehen – formal noch freiwillig[270].

Die gesamte Luftverteidigung (LV) der Staaten des Warschauer Paktes untersteht direkt der Heimatluftverteidigung der Sowjetunion[271]. Jedes Land des Warschauer Paktes bildet einen Luftverteidigungsbereich[272]. In der Sowjetunion gibt es 20 Luftverteidigungsbereiche, die aber nicht mit den Militärbezirken (MB) identisch sind[273].

8. Bewaffnete Organe und paramilitärische Organisationen

8.1 Bewaffnete Organe – Machtsicherung nach innen und nach außen

Die Rolle des Militärs in der DDR wird zunächst – wie es scheint – primär von militärischen Aufgaben bestimmt[274]. Es wurde gezeigt, an welch hervorragenden Platz dabei die NVA innerhalb des Geflechts

Die NVA ist in der DDR nicht der einzige Waffenträger[275]. Neben ihr erfüllen eine Reihe von paramilitärischen und polizeilichen Organisationen als bewaffnete Organe verschiedene Aufgaben der territorialen Verteidigung und der inneren Sicherheit[276]. Zu diesen zählen die dem Ministerium für Nationale Vorteidigung unterstellten Grenztruppen, militärische Formationen der Deutschen Volkspolizei (DVP), der Bereitschaftspolizei, Sonderverbände des Sicherheitsdienstes und vor allen Dingen die Betriebskampfgruppen, die sogenannten Kampfgruppen der Arbeiterklasse[277]. Dieses Nebeneinander von regulärerer stehender Armee und Milizorganisation orientiert sich eng an den Traditionen der Idee der Volksbewaffnung in der Sowjetunion und in Deutschland[278].

Unter „bewaffnete Kräfte" bzw. „bewaffnete Organe" versteht man

„von sozialen Klassen bzw. Staaten dazu ausgebildete, ausgerüstete und organisierte Gruppe von Mensche, um die Politik einer Klasse bzw. eines Staates mit Waffengewalt durchzusetzen bzw. gegen bewaffnete Gewalt abzusichern"[279].

Der Begriff „bewaffnete Organe" ist ein Sammelbegriff für Institutionen in der DDR, die überwiegend mit der Ausübung direkter Gewalt betraut waren[280]; als bewaffnete Organe werden in der DDR alle waffentragenden Einheiten bezeichnet[281]. Dazu zählen: die NVA mit 157 000 Mann und 3,6 Millionen Reservisten[282], einschließlich der Grenzpolizei bzw. Grenztruppen mit 50 000 Mann[283] und Baueinheiten[284], VP-Bereitschaften, die Kampfgruppen (KG), die Transportpolizei (Trapo), die Deutsche Volkspolizei (DVP) und die Zollverwaltung[285]. Darunter fallen auch die Deutsche Volkspolizei (einschließlich der Bereitschaftspolizei und Feuerwehr) mit 20 000 Mann, die Kompanien der Transportpolizei mit 8 500 Mann, die Zivilverteidigung sowie der (bewaffnete) Betriebsschutz, Teile des Zollwesens und ca. 5 000 Mann bei den bewaffneten Organen des MfS[286]. Aufgabe des MfS war mit einem flächendeckenden Netz der Überwachung im Besonderen die Sicherung des politischen Systems nach innen[287]. Alle staatlichen, insbesondere die bewaffneten Organe stehen „im Dienste der Partei" und ihrer Anfangs noch gemäß dem Programm revolutionären, zunehmend dann der reinen Machtsicherung dienenden Ziele[288]. Die bewaffnete Macht in ihrer institutionalisierten Form bildete das stählerne Korsett des SED-Staates[289]. Die bewaffneten Organe der DDR dienen nicht nur der Sicherheit im Inneren des Staates, sondern sie müssen sich auch an Aktionen beteiligen, die der Herrschaftssicherung in anderen Bereichen des Bündnisses dienen, wie 1968 beim Eingriff der Paktstaaten in der CSSR[290]. Auf den Aspekt der inneren Sicherheit nehmen die offiziellen Darstellungen der Militärpolitik in der DDR keinen Bezug[291].

In den Jahren 1955/56 bis 1967/68 wurden die bewaffneten Kräfte aufgebaut und konsolidiert[292]. Mit Blick auf den Zeitraum bis Ende der 60er Jahre lassen sich hier zwei Phasen erkennen[293]: Die erste Phase war vor allem durch den Aufbau eines inneren Sicherheitssystems geprägt, welches unmittelbar nach dem 17. Juni 1953 sowie vor dem Hintergrund der Krisen in Polen und Ungarn 1956 erneut in den Mittelpunkt der Politik der SED gerückt war[294]. Anfang der 60er Jahre begann die zweite Phase der Entwicklung der DDR-Landesverteidigung, die 1967 mit dem Übergang zur Schaffung eines umfassenden Systems endete[295].

8.2 Paramilitärische Verbände

Zu den paramilitärischen Verbänden zählt neben den Kampfgruppen mit einer Stärke von 350 000 - 400 000 Mann auch die Zivilverteidigung mit 15 000 Mann hauptberuflichen Einsatzkräften[296]. Auch die paramilitärischen „Kampfgruppen der Arbeiterklasse", die den Bürger am Arbeitsplatz erfassten, sowie die Stäbe und Einheiten der Zivilverteidigung bildeten wichtige Stützen bei der Organisation und Vorbereitung der äußeren Verteidigung, auch wenn die Zivilverteidigung ihrem Charakter nach nicht den klassischen bewaffneten Organen zuzuordnen war[297].

8.3 Kaderstämme der NVA

Gesondert behandelt werden auch Vorläuferinstitutionen, etwa die Hauptverwaltung für Ausbildung (HVA) und die Kasernierte Volkspolizei (KVP) als Kaderstamm für die NVA[298].

9. Wehrerziehung in der Weimarer Republik

Die 1952 in der DDR zuerst gebildeten und dann 1955 zu einer territorialen Miliz umorganisierten, früher SED-Betriebskampfgruppen, jetzt „Kampfgruppen der Arbeiterklasse" genannten paramilitärischen Verbände sind die reduzierte organisatorische Erscheinungsform der marxistisch-leninistischen Idee der allgemeinen Volksbewaffnung und der bewaffneten Arbeiterklasse in der DDR[299]. Sie wurzeln in den Traditionen der proletarischen Kampfverbände der deutschen Arbeiterklasse der Weimarer Republik und der „Thälmann-Brigade" während des spanischen Bürgerkrieges[300].

Das System der sozialistischen Landesverteidigung der DDR hat mit diesen Kampfgruppen ein Element erhalten, das neben der NVA und den übrigen bewaffneten Organen zunächst Aufgaben zum Schutz im Innern, neuerdings aber auch durch die direkte Unterstützung der NVA bei Kampfhandlungen zum Schutz nach außen, wahrnehmen soll[301].

Die innere Schutzfunktion der Kampfgruppen, nämlich die Sicherung der Loyalität der Betriebsangehörigen gegenüber der Partei- und Staatsführung, bleibt jedoch angesichts der historischen Erfahrungen und der Entwicklung der Kampfgruppeneinheiten in der DDR zweifelhaft[302].

31

Das System der sozialistischen Landesverbände der DDR hat mit diesen Kampfgruppen ein Element erhalten, das neben der NVA und den übrigen bewaffneten Organen zunächst Aufgaben zum Schutz im Innern, neuerdings aber auch durch de direkte Unerstützung der NVA bei Kampfhandlungen zum Schutz nach außen, wahrnehmen soll[303]. Die innere Schutzfunktion der Kampfgruppen, nämlich die Sicherung der Loyalität der Betriebsangehörigen gegenüber der Partei- und Staatsführung, bleibt jedoch angesichts der historischen Erfahrungen und der Entwicklung der Kampfgruppeneinheiten in der DDR zweifelhaft. Aus Gründen der Kampfkraftsteigerung in der DDR zweifelhaft[304].

10. Wehrerziehung im Dritten Reich

Zitat:

„Wehrerziehung und Volkserziehung" von Hasso von Wedel,

S. 5: „Kampf ist der Vater aller Dinge. Nur Phantaßten träumen vom ewigen Frieden. Wer die unabänderlichen Gesetze der Natur zu lesen versteht, der weiß, dass Leben nur durch Kampf erhalten wird. So ist es im Leben des einzelnen wie im Leben der Völker. Im Kampf aber gilt das Naturgesetz vom Rechte des Stärkeren. Sehen wir uns im Kosmos um, überall tritt es brutal in Erscheinung".

S. 56:

„Hier werden die Tugenden des Soldaten, des Bauern und des Arbeiters gepflegt und zu gemeinsamer Wirkung gebracht. Körperliche Ertüchtigung, staatspolitische Schulung, Erziehung zu den Soldatentugenden Treue, Kameradschaft, Disziplin und Ehre gemeinsam mit der Erziehung zur Volksgemeinschaft, zur Achtung vor der Arbeit bereiten den jungen Mann auf den Wehrdienst vor".

S. 59:

„Es ist festzustellen, dass die gegenseitigen Rückwirkungen zwischen allgemeiner Erziehung und Wehrdienst im Dritten Reich auf allen Gebieten besonders stark und intensiv sind".

S. 59:

„Geistige und moralische Erziehung zu Wehrhaftigkeit ist Wesensbestandteil des Nationalismus".

S. 60:

„Neben der allgemeinen Erziehung, die sicherlich nicht vernachlässigt wird, wird Wehrerziehung überall der notwendige Nachdruck gegeben"[305].

[1] Hartwig/Wimmel, Wehrerziehung, Stuttgart, 1979, S. 132.
[2] Rühmland, Zivilverteidigung, Bonn, 1979, S.12.
[3] Holzweißig, Militärwesen, Berlin, 1985, S. 26, 40. Vgl. auch Rühmland, NVA, 1974, S. 67.
[4] Holzeißig, Militärwesen, Berlin, 1985, S. 143.
[5] Hartwig/Wimmel, Wehrerziehung, Stuttgart, 1979, S. 21.
[6] Rühmland, NVA, 1974, S. 122.
[7] Hartwig/Wimmel, Wehrerziehung, Stuttgart, 1979, S. 132.
[8] Rühmland, Zivilverteidigung, Bonn, 1979, S.12.
[9] Rühmland, Zivilverteidigung, Bonn, 1979, S.12.
[10] Judt, DDR-Geschichte in Dokumenten, 1998, S. 436.
[11] Judt, DDR-Geschichte in Dokumenten, 1998, S. 436.
[12] Holzeißig, Militärwesen, Berlin, 1985, S. 143.
[13] Holzweißig, Militärwesen, Berlin, 1985, S. 26.
[14] Diedrich, bewaffnete Organe, Berlin, 1998, S. 27.
[15] Diedrich, bewaffnete Organe, Berlin, 1998, S. 27.
[16] Holweißig, Militärwesen, Berlin, 1985, S. 11.
[17] Diedrich, bewaffnete Organe, Berlin, 1985, S. 26.
[18] Holzweißig, Militärwesen, Berlin, 1985, S. 144.
[19] Holzweißig, Militärwersen, 1985, Berlin, S. 143.
[20] Diedrich, bewaffnete Organe, Berlin, 1998, S. 26.
[21] Diedrich, bewaffnete Organe, Berlin, 1998, S. 26.
[22] Diedrich, bewaffnete Organe, Berlin, 1998, S. 27.
[23] Holzeißig, Militärwesen, Berlin, 1985, S. 143.
[24] Diedrich, bewaffnete Organe, Berlin, 1998, S. 27.
[25] Diedrich, bewaffnete Organe, Berlin, 1998, S. 27.
[26] Holzweißig, Militärwesen, Berlin, 1985, S. 144.
[27] Holzweißig, Militärwesen, 1985, Berlin, S. 144.
[28] Judt, DDR-Geschichte in Dokumenten, 1998, S. 436.
[29] Diedrich, bewaffnete Organe, Berlin, 1998, S. 24.
[30] Holzweißig, Militärwesen, Berlin, 1985, S. 145.
[31] Sachse, bewaffnete Organe, Münster, 1998, S. 27.
[32] Holzweißig, Militärwesen, 1985, S. 41.
[33] Holzweißig, Militärwesen, 1985, S. 41.
[34] Holzweißig, Militärwesen, Berlin, 1985, S. 97.
[35] Nawrocki, bewaffnete Organe, Berlin, 1979, S. 111.
[36] Diedrich, bewaffnete Organe, Berlin, 1998, S. 11.
[37] Diedrich, bewaffnete Organe, Berlin, 2004, S. 11.
[38] Diedrich, bewaffnete Organe, Berlin, 2004, S. 11.
[39] Holzweißig, Militärwesen, Berlin, 1985, S. 144. Vgl. auch Rühmland, Zivilverteidigung, 1973, S. 5.
[40] Diedrich, bewaffnete Organe, Berlin, 1998, S. 24.
[41] Diedrich, bewaffnete Organe, Berlin, 1998, S. 14.
[42] Diedrich, bewaffnete Organe, Berlin, 1998, S. 26.
[43] Rühmland, Zivilverteidigung, 1973, S. 7.
[44] Holzeißig, Militärwesen, Berlin, 1985, S. 144.
[45] Holzeißig, Militärwesen, Berlin, 1985, S. 144.
[46] Holzweißig, Militärwesen, Berlin, 1985, S. 145.
[47] Holzweißig, Militärwesen, Berlin, 1985, S. 87 und 145.
[48] Diedrich, bewaffnete Organe, 2004, S. 11.
[49] Rühmland, Zivilverteidigung, 1973, S. 5.
[50] Duve, NVA, 1976, S. 14.
[51] Diedrich, bewaffnete Organe, 1998, S. 24.
[52] Rühmland, Zivilverteidigung, 1973, S. 6.
[53] Holzweißig, Militärwesen, Berlin, 1985, S. 145.
[54] Rühmland, NVA, 1974, S. 69.
[55] Rühmland, Zivilverteidigung, 1973, S. 6.
[56] Rühmland, Zivilverteidigung, 1973, S. 6.
[57] Sachse, Aktive Jugend, Münster, 2000, S. 160.
[58] Sachse, Aktive Jugend, 2000, S. 161. Vgl. auch Protokoll der Sitzung des Sekretariats vom 30. September 1970, TOP 4: Information über den Stand der sozialistischen Wehrerziehung. Bestand

Sekretariat des ZK der SED, SAPMO DY 30 J IV 2/3-1677 und DY 30 J IV 2/3 A-1941.

[59] Holzweißig, Militärwesen, Berlin, 1985, S. 145.
[60] Holzweißig, Militärwesen, Berlin, 1985, S. 145.
[61] Holzweißig, Militärwesen, Berlin, 1985, S. 87.
[62] Holzweißig, Militärwesen, Berlin, 1985, S. 87.
[63] Judt, DDR-Geschichte in Dokumenten, 1998, S. 436.
[64] Holzweißig, Militärwesen , Berlin, 1985, S. 146.
[65] Holzweißig, Militärwesen, Berlin, 1985, S. 146.
[66] „Gesetz über die Teilnahme der Jugend an der Gestaltung der entwickelten sozialistischen Gesellschaft und über ihre allseitige Förderung in der DDR – Jugendgesetz der DDR". v. 28.1.1974, GBl. Teil I Nr. 5 § 24. Vgl. auch Hartwig/Wimmer, Wehrerziehung, S. 167 und Rodejohann-Recke, „Sozialistische Wehrerhziehung" in der DDR, 1976, S. 101.
[67] Holzweißig, Militärwesen, 1985, S. 41.
[68] Holzweißig, Militärwesen, Berlin, 1985, S. 146.
[69] Diedrich, bewaffnete Organe. Berlin, 1985, S. 24.
[70] Nawrocki, bewaffnete Organe, Berlin, 1979, S. 108.
[71] Holzweißig, Militärwesen, Berlin, 1985, S. 146.
[72] Holzweißig, Militärwesen, Berlin, 1985, S. 144.
[73] Holzweißig, Militärwesen, Berlin, 1985, S. 104.
[74] Judt, DDR-Geschichte in Dokumenten, 1998, S. 436.
[75] Ehlert, Im Dienste der bewaffneten Organe, 1998, S. VII.
[76] Diedrich, bewaffnete Organe, Berlin, 1998, S. 27.
[77] Ehlert, Im Dienste der bewaffneten Organe, 1998, S. VII.
[78] Ilter, Handreichung zur sozialistischen Wehrerziehung, 1974, S.7.
[79] Diedrich, bewaffnete Organe, Berlin, 1998, S. 1.
[80] Duve, NVA, Hamburg, 1976, S. 134.
[81] Diedrich, bewaffnete Organe, Berlin, 1998, S. 1.
[82] Diedrich, bewaffnete Organe, Berlin, 2004, S. 11.
[83] Diedrich, bewaffnete Organe, Berlin, 2004, S. 11.
[84] Duve, NVA, Hamburg, 1976, S. 134.
[85] Duve, NVA, Hamburg, 1976, S. 134.
[86] Honecker, Reden und Aufsätze, 1975, S. 439. Vgl. auch FES, Wehrpropaganda und Wehrerziehung, 1982, S. 8.
[87] Honecker, Reden und Aufsätze, 1975, S. 439. Vgl. auch FES, Wehrpropaganda und Wehrerziehung, 1982, S. 8.
[88] FES, Wehrpropaganda und Wehrerziehung, 1982, S. 9.
[89] AK Wehrforschung, NVA, 1980, S. 226.
[90] AK Wehrforschung, NVA, 1980, S. 226.
[91] AK Wehrforschung, NVA, 1980, S. 226.
[92] AK Wehrforschung, NVA, 1980, S. 226.
[93] AK Wehrforschung, NVA, 1980, S. 227.
[94] AK Wehrforschung, NVA, 1980, S. 226.
[95] AK Wehrforschung, NVA, 1980, S. 226.
[96] Diedrich, bewaffnete Organe, 1998, S. IX,
[97] Hartwig/Wimmel, Wehrerziehung, Stuttgart, 1979, S. 21.
[98] Hübner/Effenberger, Wehrpolitische Massenarbeit, 1982, S. 7.
[99] Hübner/Effenberger, Wehrpolitische Massenarbeit, 1982, S. 7.
[100] Diedrich, Wehrerziehung, 1998, S. 29.
[101] Hartwig/Wimmel, Wehrerziehung, Stuttgart, 1979, S. 21.
[102] Hübner/Effenberger, Wehrpolitische Massenarbeit, 1982, S. 7.
[103] Hartwig/Wimmel, Wehrerziehung, Stuttgart, 1979, S. 21.
[104] Hartwig/Wimmel, Wehrerziehung, Stuttgart, 1979, S. 21.
[105] Hartwig/Wimmel, Wehrerziehung, Stuttgart, 1979, S. 21.
[106] Hartwig/Wimmel, Wehrerziehung, Stuttgart, 1979, S. 21.
[107] Hartwig/Wimmel, Wehrerziehung, Stuttgart, 1979, S. 21.
[108] Holzweißig, Militärwesen, Berlin, 1985, S. 26.
[109] Holzweißig, Militärwesen, Berlin, 1985, S. 40.
[110] Holzweißig, Militärwesen, Berlin, 1985, S. 26, 40. Vgl. auch Rühmland, NVA, 1974, S. 67.
[111] Holzweißig, Militärwesen, Berlin, 1985, S. 26.
[112] Holzweißig, Militärwesen, Berlin, 1985, S. 40.

[113] Holzweißig, Militärwesen, Berlin, 1985, S. 26.
[114] Judt, Militärwesen, Berlin, 1998, S. 432.
[115] Holzweißig, Militärwesen, Berlin, 1985, S. 26. Vgl. auch Rühmland, NVA, 1974, S. 67.
[116] Holzweißig, Militärwesen, Berlin, 1985, S. 26. Vgl. auch Rühmland, NVA, 1974, S. 67.
[117] Holzweißig, Militärwesen, Berlin, 1985, S. 26. Vgl. auch Rühmland, NVA, 1974, S. 67.
[118] Judt, DDR-Geschichte in Dokumenten, Bonn, 1998, S. 431.
[119] Holzweißig, Militärwesen, Berlin, 1985, S. 44.
[120] Diedrich, bewaffnete Organe, Berlin, 1998, S. 26.
[121] Diedrich, bewaffnete Organe, Berlin, 1998, S. 26.
[122] Diedrich, bewaffnete Organe, Berlin, 1998, S. 26.
[123] Diedrich, bewaffnete Organe, Berlin, 1998, S. 26.
[124] Diedrich, bewaffnete Organe, Berlin, 1998, S. 27.
[125] Diedrich, bewaffnete Organe, Berlin, 1998, S. 27.
[126] Holweißig, Militärwesen, Berlin, 1985, S. 11.
[127] Diedrich, bewaffnete Organe, Berlin, 1998, S. 27.
[128] Diedrich, bewaffnete Organe, Berlin, 1998, S. 27.
[129] Diedrich, bewaffnete Organe, Berlin, 1998, S. 27.
[130] Diedrich, bewaffnete Organe, Berlin, 1998, S. 27.
[131] Holzweißig, Militärwesen, Berlin, 1985, S. 97.
[132] Holzweißig, Militärwesen, Berlin, 1985, S. 97.
[133] Holzweißig, Militärwesen, Berlin, 1985, S. 97. Vgl. auch Rühmland, Zivilverteidigung, 1973, S. 5.
[134] Holzweißig, Militärwesen, Berlin, S. 52.
[135] Diedrich, bewaffnete Organe, Berlin, 1998, S. 27.
[136] Holzweißig, Militärwesen, Berlin, 1985, S. 145.
[137] Holzweißig, Militärwesen, Berlin, 1985, S. 97. Vgl. auch Nawrocki, bewaffnete Organe, 1979, S. 111.
[138] Sachse, bewaffnete Organe, Münster, 1998, S. 27.
[139] Diedrich, bewaffnete Organe, Berlin, 2004, S. 11.
[140] Diedrich, bewaffnete Organe, Berlin, 2004, S. 11.
[141] Holzweißig, Militärwesen, 1985, S. 41.
[142] Holzweißig, Militärwesen, 1985, S. 41.
[143] Holzweißig, Militärwesen, 1985, S. 41.
[144] Holzweißig, Militärwesen, 1985, S. 41.
[145] Nawrocki, bewaffnete Organe, 1979, S. 111.
[146] Diedrich, bewaffnete Organe, 1998, S. 24.
[147] Sachse, bewaffnete Organe, Münster, 1998, S. 30.
[148] Sachse, bewaffnete Organe, Münster, 1998, S. 30.
[149] Sachse, bewaffnete Organe, Münster, 1998, S. 30.
[150] Sachse, bewaffnete Organe, Münster, 1998, S. 30.
[151] Diedrich, bewaffnete Organe, Berlin, 1998, S. 30.
[152] Holzeißig, Militärwesen, Berlin, 1985, S. 144.
[153] Diedrich, bewaffnete Organe, Berlin, 1998, S. 14.
[154] Diedrich, bewaffnete Organe, Berlin, 1998, S. 24.
[155] Rühmland, Zivilverteidigung, 1973, S. 7.
[156] Holzeißig, Militärwesen, Berlin, 1985, S. 144.
[157] Holzweißig, Militärwesen, Berlin, 1985, S. 145.
[158] Diedrich, bewaffnete Organe, Berlin, 2004, S. 11.
[159] Diedrich, bewaffnete Organe, Berlin, 1998, S. 24.
[160] Sachse, Aktive Jugend, 2000, S. 160.
[161] Sachse, Aktive Jugend, 2000, S. 161. Vgl. auch Protokoll der Sitzung des Sekretariats vom 30. September 1970, TOP 4: Information über den Stand der sozialistischen Wehrerziehung. Bestand Sekretariat des ZK der SED, SAPMO DY 30 J IV 2/3-1677 und DY 30 J IV 2/3 A-1941.
[162] Holzweißig, Militärwesen, Berlin, 1985, S. 145.
[163] Holzweißig, Militärwesen, Berlin, 1985, S. 145.
[164] Bericht über die Situation der Kinder und Jugendlichen in den neuen Bundesländern.
[165] Bericht über die Situation der Kinder und Jugendlichen in den neuen Bundesländern.
[166] Diedrich, bewaffnete Organe, Berlin, 1998, S. 27.
[167] Nawrocki, bewaffnete Organe, 1979, S. 107.
[168] Rodejohann-Recke, „Sozialistische Wehrerziehung" in der DDR, 1976, S. 100.
[169] Nawrocki, bewaffnete Organe, Berlin, 1979, S. 107.

[170] Nawrocki, bewaffnete Organe, Berlin, 1979, S. 107.
[171] Nawrocki, bewaffnete Organe, Berlin, 1979, S. 107.
[172] Nawrocki, bewaffnete Organe, Berlin, 1979, S. 107.
[173] Nawrocki, bewaffnete Organe, Berlin, 1979, S. 108.
[174] Nawrocki, bewaffnete Organe, Berlin, 1979, S. 108.
[175] Nawrocki, bewaffnete Organe, Berlin, 1979, S. 108.
[176] Nawrocki, bewaffnete Organe, Berlin, 1979, S. 108.
[177] Diedrich, bewaffnete Organe. Berlin, 1998, S. 24.
[178] Hartwig/Wimmel, Wehrerziehung, Stuttgart, 1979, S. 41. Vgl. auch Beck, Liebe zum Sozialismus, 1984, S. 114 ff.
[179] Hartwig/Wimmel, Wehrerziehung, Stuttgart, 1979, S. 41. Vgl. auch Beck, Liebe zum Sozialismus, 1984, S. 114 ff.
[180] Beck, Liebe zum Sozialismus, Lüneburg, 1984, S. 96.
[181] Duve, NVA, Hamburg, 1976, S. 101.
[182] Jugendgesetz der DDR v. 28.1.1974, GBl. Teil I Nr. 5 § 24. Vgl. auch Beck, Liebe zum Sozialismus, 1984, S. 96.
[183] Hübner/Effenberger, Wehrpolitische Massenarbeit, Berlin, 1982, S. 7.
[184] Hübner/Effenberger, Wehrpolitische Massenarbeit, Berlin, 1982, S. 7.
[185] Hübner/Effenberger, Wehrpolitische Massenarbeit, Berlin, 1982, S. 7.
[186] Diedrich, bewaffnete Organe, Berlin, 1998, S. X.
[187] Hartwig/Wimmel, Wehrerziehung, 1979, S. 108.
[188] Forster, NVA, 1972, S. 47. Vgl. auch Hartwig/Wimmer, Wehrerziehung, S. 41.
[189] Hartwig/Wimmel, Wehrerziehung, Stuttgart, 1979, S. 41.
[190] Hartwig/Wimmel, Wehrerziehung, Stuttgart, 1979, S. 41.
[191] Hartwig/Wimmel, Wehrerziehung, Stuttgart, 1979, S. 41.
[192] Hartwig/Wimmel, Wehrerziehung, Stuttgart, 1979, S. 42.
[193] Birkner, Wehrerziehung, 1973, S. 20 f. Vgl. auch Sachse, Aktive Jugend, 2000, S. 28.
[194] „Gesetz über die Teilnahme der Jugend an der Gestaltung der entwickelten sozialistischen Gesellschaft und über ihre allseitige Förderung in der DDR – Jugendgesetz der DDR". v. 28.1.1974, GBl. Teil I Nr. 5 § 24. Vgl. auch Hartwig/Wimmer, Wehrerziehung, S. 167 und Rodejohann-Recke, „Sozialistische Wehrerziehung" in der DDR, 1976, S. 101.
[195] Rodejohann-Recke, „Sozialistische Wehrehrziehung" in der DDR, 1976, S. 101.
[196] Hartwig/Wimmel, Wehrerziehung, 1979, S. 108.
[197] Hartwig/Wimmel, Wehrerziehung, 1979, S. 109.
[198] Beck, Liebe zum Sozialismus, 1984, S. 103.
[199] Beck, Liebe zum Sozialismus, 1984, S. 103.
[200] Beck, Liebe zum Sozialismus, 1984, S. 103.
[201] Beck, Liebe zum Sozialismus, 1984, S. 103.
[202] Beck, Liebe zum Sozialismus, 1984, S. 103.
[203] Beck, Liebe zum Sozialismus, 1984, S. 103.
[204] Beck, Liebe zum Sozialismus, 1984, S. 103.
[205] Beck, Liebe zum Sozialismus, 1984, S. 103.
[206] Beck, Liebe zum Sozialismus, 1984, S. 103.
[207] Rühmland, Zivilverteidigung, Bonn, 1979, S.12.
[208] Beck, Thomas, Liebe zum Sozialismus – Hass auf den Klassenfeind, 1984, S. 98.
[209] Beck, Ihre zum Sozialismus, 1984, S. 98.
[210] Hartwig/Wimmel, Wehrerziehung, Stuttgart, 1979, S. 12.
[211] Rühmland, Zivilverteidigung, Bonn, 1979, S.12.
[212] Rühmland, Zivilverteidigung, Bonn, 1979, S.12.
[213] Rühmland, Zivilverteidigung, Bonn, 1979, S.12.
[214] Rühnmland, Zivilverteidigung, Bonn, 1979, S. 12.
[215] Rühnmland, Zivilverteidigung, Bonn, 1979, S. 12.
[216] Rühnmland, Zivilverteidigung, Bonn, 1979, S. 12.
[217] Rühnmland, Zivilverteidigung, Bonn, 1979, S. 12.
[218] Rühnmland, Zivilverteidigung, Bonn, 1979, S. 12.
[219] Rühnmland, Zivilverteidigung, Bonn, 1979, S. 12.
[220] Rühmland, Zivilverteidigung, Bonn, 1979, S.12.
[221] Hartwig/Wimmel, Wehrziehung, Stuttgart 1979, S. 132.
[222] Hartwig/Wimmel, Wehrziehung, Stuttgart 1979, S. 132.
[223] Hartwig/Wimmel, Wehrziehung, Stuttgart 1979, S. 132.

[224] Hartwig/Wimmel, Wehrziehung, Stuttgart 1979, S. 132.
[225] Hartwig/Wimmel, Wehrziehung, Stuttgart 1979, S. 132.
[226] Hartwig/Wimmel, Wehrziehung, Stuttgart 1979, S. 132.
[227] Hartwig/Wimmel, Wehrziehung, Stuttgart, 1979, S. 132.
[228] Hartwig/Wimmel, Wehrziehung, Stuttgart, 1979, S. 132.
[229] Hartwig/Wimmel, Wehrziehung, Stuttgart, 1979, S. 137.
[230] Rühmland, Zivilverteidigung, Stuttgart, 1979, S. 44.
[231] Rühmland, Zivilverteidigung, Stuttgart, 1979, S. 44.
[232] Rühmland, Zivilverteidigung, Stuttgart, 1979, S. 44.
[233] Rühmland, Zivilverteidigung, Stuttgart, 1979, S. 44.
[234] Rühmland, Zivilverteidigung, Stuttgart, 1979, S. 44.
[235] Schlechte, NVA, Hannover, S. 48.
[236] Schlechte, NVA, Hannover, 1994, S. 48.
[237] Holzweißig, bewaffnete Organe, Berlin, 1985, S. 26.
[238] Nawrocki, bewaffnete Organe, 1979, S. 11.
[239] Duve, NVA, 1976, S. 102.
[240] Rühmland, NVA, 1974, S. 69.
[241] Rühmland, NVA, 1974, S. 69.
[242] Rühmland, NVA, 1974, S. 69.
[243] Rühmland, NVA, 1974, S. 69.
[244] Rühmland, NVA, 1974, S. 69.
[245] Rühmland, NVA, 1974, S. 69.
[246] Holzweißig, Militärwesen, Berlin, S. 19.
[247] Holzweißig, Militärwesen, Berlin, S. 19.
[248] Diedrich, bewaffnete Organe, Berlin, 1998, S. XII.
[249] Diedrich, bewaffnete Organe, Berlin, 1998, S. XIII.
[250] Rühmland, NVA, 1974, S. 122.
[251] Hübner/Effenberger, Wehrpolitische Massenarbeit, Berlin, 1982, S. 82.
[252] Hübner/Effenberger, Wehrpolitische Massenarbeit, Berlin, 1982, S. 82.
[253] Hübner/Effenberger, Wehrpolitische Massenarbeit, Berlin, 1982, S. 82.
[254] Hübner/Effenberger, Wehrpolitische Massenarbeit, Berlin, 1982, S. 82.
[255] Forster, NVA, Köln, 1979, S. 147.
[256] Hübner/Effenberger, Wehrpolitische Massenarbeit, Berlin, 1982, S. 87.
[257] Judt, DDR-Geschichte in Dokumenten, 1998, S. 436.
[258] Judt, DDR-Geschichte in Dokumenten, 1998, S. 436.
[259] Judt, DDR-Geschichte in Dokumenten, 1998, S. 436.
[260] Judt, DDR-Geschichte in Dokumenten, 1998, S. 436.
[261] Hübner/Effenberger, Wehrpolitische Massenarbeit, Berlin, 1982, S. 87.
[262] Holzweißig, Militärwesen, Berlin, 1985, S. 87.
[263] Holzweißig, Militärwesen, Berlin, 1985, S. 87.
[264] Holzweißig, Militärwesen, Berlin, 1985, S. 87.
[265] Holzweißig, Militärwesen, Berlin, 1985, S. 87.
[266] Holzweißig, Militärwesen, Berlin, 1985, S. 87.
[267] Holzweißig, Militärwesen, Berlin, 1985, S. 87.
[268] Holzweißig, Militärwesen, Berlin, 1985, S. 104.
[269] Holzweißig, Militärwesen, Berlin, 1985, S. 104.
[270] Nawrocki, bewaffnete Organe, Berlin, 1979, S. 175.
[271] Rühmland, Zivilverteidigung, Bonn, 1973, S. 33.
[272] Rühmland, Zivilverteidigung, Bonn, 1973, S. 33.
[273] Rühmland, Zivilverteidigung, Bonn, 1973, S. 33.
[274] Blanke, Die politisch-ideologische Bildung und Erziehung in der NVA, Bonn, 1975, S.57.
[275] Duve, NVA, Hamburg, 1976, S. 136.
[276] Duve, NVA, Hamburg, 1976, S. 136.
[277] Duve, NVA, Hamburg, 1976, S. 136.
[278] Duve, NVA, Hamburg, 1976, S. 136.
[279] Diedrich, bewaffnete Organe, Berlin, 1998, S. XVI. Vgl. auch Militärlexikon, 1973, S. 52.
[280] Sachse, Aktive Jugend, Münster, 2000, S. 293.
[281] Rühmland, NVA, Bonn, 1974, S. 22.
[282] Nawrocki, bewaffnete Organe, Berlin, 1979, S. 11.
[283] Nawrocki, bewaffnete Organe, Berlin, 1979, S. 11.

[284] Diedrich, bewaffnete Organe, Berlin, 1998, S. XIII und Sachse, Aktive Jugend, 2000, S. 293.
[285] Rühmland, NVA, Bonn, 1974, S. 22.
[286] Nawrocki, bewaffnete Organe, 1979, S. 11 und Sachse, Aktive Jugend, 2000, S. 293.
[287] Diedrich, bewaffnete Organe, Berlin, 1998, S. XIII,
[288] Diedirch, bewaffnete Organe, Berlin, 1998, S. X.
[289] Diedrich, bewaffnete Organe, Berlin, 1998, S. XI.
[290] Nawrocki, bewaffnete Organe, Berlin, 1979, S. 22.
[291] Nawrocki, bewaffnete Organe, Berlin, 1979, S. 22.
[292] Diedrich, bewaffnete Organe, Berlin, 1998, S. 24.
[293] Diedrich, bewaffnete Organe, Berlin, 1998, S. 24.
[294] Diedrich, bewaffnete Organe, Berlin, 1998, S. 24.
[295] Diedrich, bewaffnete Organe, Berlin, 1998, S. 24.
[296] Nawrocki, bewaffnete Organe, Berlin, 1979, S. 11.
[297] Diedrich, bewaffnete Organe, Berlin, 1998, S. XIII.
[298] Diedrich, bewaffnete Organe, Berlin, 1998, S. XIII.
[299] Duve, NVA, Hamburg, 1976, S. 137.
[300] Duve, NVA, Hamburg, 1976, S. 137.
[301] Duve, NVA, Hamburg, 1976, S. 137.
[302] Duve, NVA, Hamburg, 1976, S. 139.
[303] Duve, NVA, Hamburg, 1976, S. 137.
[304] Duvem NVA, Hamburg, 1976, S. 137.
[305] Wessel, Wehrerziehung und Volkserziehung, Berlin, 1938.